AF260051

NOTICE

LE GÉNÉRAL

LAMORICIÈRE

PARIS

IMPRIMERIE CLAYE, TAILLEFER ET Cᵉ

SUCCESSEURS DE H. FOURNIER

RUE SAINT-BENOIT, Nᵒ 7

1846

NOTICE

SUR

LE GÉNÉRAL

LAMORICIÈRE.

Christophe—Louis—Léon DE LAMORICIÈRE est né à Nantes, le 5 février 1806. Livré de bonne heure à de solides études, il entra à dix-huit ans à l'école polytechnique, où il prit bientôt rang parmi les meilleurs élèves, et eut en cette qualité le privilége de sortir comme officier du génie. En 1830 il servait comme lieutenant dans cette arme, lorsque l'expédition d'Alger ayant été résolue, la compagnie à laquelle il appartenait, en garnison à Montpellier, fut désignée pour y prendre part. Cette circonstance décida probablement de son avenir. On sait qu'après la prise d'Alger, l'un des premiers soins du gouverneur général, le maréchal Clauzel, fut d'organiser, sous le nom de zouaves, des

corps indigènes, destinés à assurer la police et la con-
servation du pays conquis. Le lieutenant Lamoricière,
avec cette promptitude d'esprit et cette sûreté de juge-
ment qui décèlent l'homme de génie, comprit tout aussitôt que pour soumettre réellement les Arabes après
les avoir vaincus, il faudrait savoir les gouverner, et
que pour les gouverner la première condition était de
bien connaître leur langue. Il demanda aussitôt à sortir
de son arme, pour faire partie du nouveau corps in-
digène, où il fut nommé capitaine, et dès lors il s'ap-
pliqua, avec une énergie et une persévérance qui ne se
démentirent jamais, à étudier la langue de ceux dont il
avait le commandement. Ses efforts furent couronnés
d'un tel succès, et il acquit bientôt dans la connaissance des hommes et des choses de l'Algérie une telle
supériorité, que lorsqu'en 1832 on reconnut la néces-
sité de créer un gouvernement pour les indigènes, on
chargea de ce soin le capitaine Lamoricière qui, après
avoir institué le *bureau arabe d'Alger*, reçut la mission de le diriger. Tel fut le point de départ de cette
institution si importante des *bureaux arabes*, qui a
pris de nos jours un développement si considérable,
et que l'on peut regarder comme la base fondamentale
de notre domination en Algérie. Mais de pareils travaux, quelque graves qu'ils fussent, ne pouvaient
suffire à un jeune militaire chez lequel l'amour de la
gloire se mêlait si vivement à l'activité de l'intelligence.

Vers la fin de cette même année 1832, un navire américain, poussé par la tempête dans la rade de Bougie, ayant été reçu à coups de canon, le gouvernement des États-Unis demanda réparation de cette violence au gouvernement français, dans des termes qui permettaient de craindre qu'il ne commençât par se faire justice lui-même et par s'établir sur ce point de la côte algérienne. Aussitôt l'occupation de Bougie par nos armes fut résolue. D'abord Lamoricière, comme chef du bureau arabe, donna les renseignements qui servirent de base à l'expédition. Bientôt il fit plus. Il était nécessaire d'aller sur les lieux mêmes pour explorer la place que l'on voulait prendre. L'amiral Gallois, commandant de la marine, insinua qu'à défaut d'autres il trouverait bien dans la flotte l'homme hardi qu'il fallait pour cette mission difficile; le capitaine Lamoricière déclara que cet homme, c'était l'armée qui devait le fournir; et il se présenta lui-même. Dans les premiers jours de 1833, un bâtiment léger, le brick *le Zèbre*, le débarqua à la pointe du jour sur la plage de Bougie, avec quelques officiers et deux coulouglis qui lui avaient promis de le mettre en relation avec les indigènes; mais ces deux hommes étaient ou peu sincères ou incapables de tenir leur promesse. Une violente émeute ne tarda pas à se déclarer; Lamoricière et ses compagnons se réfugièrent d'abord dans une maison; mais l'émeute les y suivit, et devint d'instant en instant plus menaçante et plus terrible. Alors, dans un de ces mouvements hardis comme en trouvent seuls les caractères résolus et les cœurs intrépides, Lamoricière donne l'ordre d'ouvrir les portes de la maison où il était assiégé : il sort la tête haute et l'œil fier, le pistolet au poing et le sabre levé, ses compagnons le suivent dans la même attitude.

Cette démarche soudaine et d'une audace inouïe frappe de stupeur et paralyse en quelque sorte ceux qui en sont les témoins; Lamoricière et ses compagnons ont déjà regagné le rivage; déjà le canot qui les apporta les a rendus au brick *le Zèbre;* ils sont à l'abri des fureurs qui les menaçaient, et Lamoricière, qui a observé attentivement les lieux au milieu de l'émeute et de ses péril, donnera au général Trézel, chargé de l'expédition, des renseignements dont la parfaite exactitude aidera singulièrement son succès. Cette action d'éclat valut au capitaine Lamoricière le grade de chef de bataillon ; il avait reçu peu de temps auparavant la croix de la Légion-d'Honneur. On peut dire que, dès ce moment, la réputation de Lamoricière, comme bravoure et talent, était faite dans l'armée d'Afrique. Mais que de services il fallait qu'il rendît encore, que de périls il avait encore à traverser pour parvenir à la gloire dont il est couvert aujourd'hui ! Nous sortirions des limites obligées d'une pareille notice si nous mentionnions toutes les circonstances dans lesquelles Lamoricière se distingua. Depuis cette époque jusqu'à nos jours, il n'est pas un événement militaire de quelque importance auquel il n'ait pris part ; pas un bulletin de victoire dans lequel son nom ne figure avec honneur ; à la prise de Mascara, en 1835, à l'occupation de Tlemcen, en 1836, lors de l'expédition de Medeah dans la même année, Lamoricière, toujours à la tête de ses zouaves, rend les plus grands services, et le maréchal Clauzel ne cesse de les constater dans ses ordres du jour. C'est alors que Lamoricière est fait lieutenant-colonel : et qui ne connaît le rôle héroïque de Lamoricière dans le siége de Constantine ? Le premier, à la tête de son régiment, il s'élance sur la brèche, où il arrive le premier ; mais, en cet instant, une mine remplie de poudre, pratiquée sous les remparts assiégés, éclate ; dans son épouvantable explosion, elle renverse tout autour d'elle, et les braves qui, un instant, ont cru à la victoire, se trouvent ensevelis sous un amas de ruines. Lamoricière est parmi les victimes ; il est enfoui sous terre ; c'en est fait de lui. Cependant un sous-officier, voyant un pan d'habit qui sortait à moitié des décombres, croit reconnaître celui de son colonel ; il s'approche, juge qu'il ne s'est pas trompé, et retire de la terre, où il était déjà inhumé, le corps de Lamoricière ; d'abord on le croit mort, puis aveugle ; il avait seulement le visage brûlé ; son rétablissement fut rapide et complet, et bientôt il ne resta de ce terrible événement qu'une action d'éclat, suivie de l'une de ces miraculeuses délivrances qui ajoutent encore à la valeur des plus braves; car on sent son courage s'affermir à mesure que l'on croit plus à sa fortune.

Promu au grade de colonel en 1837, Lamoricière passa à Coleah presque toutes les années 1838 et 1839, c'est-à-dire le temps de trêve qui suivit le déplorable traité de la Tafna. Ce fut alors qu'il commença les grands ouvrages qui ont fait de Coleah un des postes les plus importants de l'Algérie. Lamoricière n'était pas seulement héroïque dans la guerre, l'officier du génie se retrouvait en lui tout entier pour les travaux de la paix. La guerre, en éclatant de nouveau, vint lui offrir de nouvelles occasions de gloire, et nul ne se distingua plus que lui dans les mémorables combats des 13 et 20 mai 1840, où notre armée dispersa les bandes soulevées par Abd-el-Kader. Telle était dès lors la renommée attachée à tant d'exploits, que le colonel Lamoricière, étant venu en France, y recueillit partout sur son passage des témoignages solennels de l'admiration et de la reconnaissance publiques. On lisait dans le journal de Saint-Étienne, du 12 juin 1840 : « Le colonel Lamo-
« cière, le brave chef des zouaves, a traversé aujour-
« d'hui notre ville dans la malle-poste, se rendant à
« Paris, où il est mandé par M. le président du conseil;
« le colonel est d'une taille au-dessous de la moyenne;
« fortement membré, il est bien pris dans sa taille. Son

« œil vif et perçant décèle l'homme supérieur, et son
« teint brûlé par le soleil d'Afrique ajoute encore à l'ex-
« pression martiale de son visage. » De tout temps et en
tous pays, le peuple est sensible à la gloire militaire et
honore ceux qui la lui donnent. Lamoricière, en arri-
vant à Paris, fut élevé au grade de général, et à Nantes
ses compatriotes lui offrirent une épée d'honneur :
double hommage rendu en même temps à ses services
par le gouvernement et le pays.

De retour en Afrique, Lamoricière, quoique simple
maréchal de camp, fut chargé du commandement de
la province d'Oran, jusqu'alors dévolu à un lieutenant-
général. C'est là surtout que le général Lamoricière a
montré tout ce qu'il est capable de faire comme homme
de guerre et comme homme de gouvernement. Là
surtout se révèlent son génie organisateur et sa rare
connaissance des affaires de l'Algérie. En présence
d'un peuple presque toujours en armes, son premier
soin est sans doute de bien faire la guerre, et il le
prouve par mille succès remportés dans toutes ses
rencontres avec les indigènes : en 1841, lors des expéditions contre Mascara et Tagdempt, où il rend d'émi-
nents services ; en 1842, par ses attaques bien dirigées
contre la puissante tribu des Flittas jusqu'alors consi-
dérée comme indomptable et inaccessible dans ses
hautes montagnes ; en 1843 et 1844 par une foule
d'avantages obtenus sur Abd-el-Kader lui-même et sur

toutes les tribus insurgées, auxquelles il porte de si rudes coups, qu'elles prennent enfin le parti d'accepter notre empire, et se séparent de la cause de l'émir, désormais réduit à faire une guerre de partisan. Pour récompenser tant de services, on le fait successivement lieutenant-général, officier de la Légion-d'Honneur, puis commandeur, et tel est le sentiment d'admiration qu'il inspire à tous ses compagnons d'armes, que chaque distinction qui lui est accordée paraît toujours être arrivée trop tard et avoir été trop méritée. Il fait rude guerre aux tribus, et cependant toujours avec humanité, et personne n'a oublié avec quel sentiment généreux, lors de l'affreuse catastrophe arrivée en 1845 au marabout de Sidi-Ibrahim, le général Lamoricière étant, par une habile manœuvre, parvenu à placer entre lui et la mer toute une population d'émigrants ennemis, retint tout à coup ses soldats avides de vengeance, ne voulant pas laisser commencer un massacre qu'il n'eût peut-être pas été maître d'arrêter.

Mais en même temps qu'il poursuit ainsi sans relâche l'œuvre de la guerre, le général Lamoricière est surtout préoccupé des moyens qu'il faudra prendre pour gouverner l'Algérie le jour où la conquête sera faite : persuadé que la force matérielle, bonne pour vaincre, ne suffit pas pour régner, il s'applique à faire sentir aux indigènes soumis par nos armes les bienfaits d'un gouvernement éclairé et civilisateur. Sous son administration intelligente, la province d'Oran se couvre de routes bien tracées ; des barrages sont pratiqués dans le lit des rivières, au moyen desquels les terres inondées se fertilisent ; les indigènes, en commerçant avec nous, comprennent le prix de la paix, et le sol africain se couvre de cultivateurs européens qui sont encore des soldats. Chose étrange ! la province d'Oran, la plus agitée par la guerre et par le voisinage du Maroc, marche, sous l'administration d'un homme supérieur, plus rapidement qu'aucune autre dans la voie de la colonisation. Lamoricière a mesuré des yeux ce que l'Algérie coûte à la France chaque année en hommes et en argent. Il comprend qu'un grand peuple comme la France ne saurait, sans s'amoindrir en Europe, continuer à consacrer longtemps à l'affaire d'Afrique cent mille hommes et cent millions ; alors il applique tout ce qu'il a d'intelligence dans l'esprit et de patriotisme dans le cœur à chercher les procédés pratiques à l'aide desquels notre armée pourrait être diminuée en Algérie sans que notre puissance y fût ébranlée. Bientôt il reconnaît qu'il n'y a qu'un moyen de diminuer l'armée d'Afrique, c'est de jeter sur le territoire algérien une nombreuse population civile, qui prenne possession du sol et le défende tout en le cultivant. La colonisation de l'Algérie, tel est le dernier mot de la conquête ; c'en est tout à la fois la fin et le moyen ; mais que de procédés divers indiqués pour la colonisation ! Quel est le bon ? Là est, il faut le reconnaître, la grande difficulté de la question d'Afrique; nul n'est aussi capable de la résoudre que le général Lamoricière, et cela par une raison bien simple, c'est que nul n'a comme lui, et dans les conditions où il s'est trouvé, étudié pendant quinze ans les affaires de l'Algérie. Tous ceux qui connaissent le général Lamoricière sont frappés de tout ce qu'il sait touchant ces questions si difficiles; il s'est livré sur ce sujet à des études immenses et qui seront d'un grand prix pour la France. Autrefois les difficultés de l'Afrique étaient surtout militaires; aujourd'hui elles sont principalement civiles et parlementaires; voilà pourquoi le général Lamoricière sera si utile à la chambre des députés.

Le général Lamoricière peut à juste titre revendiquer l'honneur d'avoir résolu le premier les difficultés de la guerre d'Afrique. Il y a cela de remarquable, c'est que le général Lamoricière, qui a le premier mis en vigueur le système de guerre aujourd'hui reconnu le meilleur pour l'Algérie, n'a jamais été battu. Il avait enseigné à ses soldats à vivre comme les Arabes, à trouver le blé enfoui dans les silos, à le broyer entre deux pierres, à en composer un pain grossier; chaque compagnie avait son convoi portant sa provision de pierres meulières et sa réserve de blé. La question des subsistances, si embarrassante d'ordinaire, ne se présentait plus; chaque jour produisait son pain. Il est permis de penser que ce que le général Lamoricière a fait pour les difficultés de la guerre, il est destiné à le faire pour les questions économiques et politiques qui succèdent à la conquête ; sous ce rapport, son élection comme député sera un service rendu au pays tout entier.

Le général Lamoricière, qui désire entrer à la chambre où sa place est marquée, y serait déjà s'il avait un caractère moins indépendant. Il y a deux mois, le ministère lui a offert une candidature dans un collége où son élection eût été certaine : il l'a refusée ; il ne voulait point être élu sous les auspices d'un ministère dont il blâme hautement la politique illibérale et antinationale. Le général Lamoricière, qui n'a point voulu du patronage ministériel, s'est placé sous celui de l'opposition constitutionnelle à laquelle il appartient par toutes ses sympathies. Les électeurs de Saint-Calais, en l'adoptant pour leur candidat, ont fait un acte utile au pays et qui les honore eux-mêmes. Le général Lamoricière a du reste, dans des communications qui sont aujourd'hui connues de tout l'arrondissement de Saint-Calais, exposé ses principes et ses sentiments politiques, dans les termes les plus dignes et les plus satisfaisants. Vainement, dans un intérêt facile à comprendre, on a combattu la candidature du général Lamoricière par des allégations, dont les unes sont dénuées de fondement et les autres ridicules. Le général Lamoricière est, dit-on, fonctionnaire public, et l'opposition a bien mauvaise grâce à le présenter, elle qui ne veut plus de fonctionnaires dans la chambre. — Non, il n'est pas vrai que l'opposition veuille et ait jamais voulu exclure de la chambre des fonctionnaires tels que le général Lamoricière. L'opposition voudrait repousser de la chambre les petits fonctionnaires, ceux qui ne viennent à la chambre que pour faire leur chemin, qui se font de la députation un marchepied, et qui, comme le disait le comte Jaubert, *gagnent un chevron à chaque changement de ministère*. Mais l'opposition a toujours été d'avis qu'il fallait garder dans la chambre un certain nombre de fonctionnaires; et ceux qu'il faut conserver ce sont les grands, ceux qui apportent à la chambre des lumières précieuses et une position toute faite; ceux qui ayant fait leur chemin n'ont pas à le faire, ceux qui sont précisément dans la position du lieutenant-général Lamoricière. — Mais le général Lamoricière sera en Afrique plus souvent qu'en France!! Il ne pourra remplir son mandat!! — Non; c'est une erreur. Le général Lamoricière comme député sera *de droit* en congé le jour d'ouverture de la session, et il usera de son droit; car s'il désire entrer à la chambre, c'est pour y prendre part aux discussions où son talent et ses connaissances le destinent à briller. Il pourra d'ailleurs y assister pendant les mois de janvier, février, mars, avril, qui sont le temps des débats les plus importants, sans manquer pour cela l'occasion des expéditions qui se font d'ordinaire en octobre ou en mai, et dans lesquelles il pourra continuer à servir glorieusement son pays. — On fait bien d'autres objections. N'a-t-on pas dit que le général Lamoricière avait été saint-simonien !! Comme s'il n'était pas de notoriété publique que Lamoricière, présent à la prise d'Alger en 1830, n'a pas, depuis ce temps, quitté l'Afrique ; quand les saint-simoniens faisaient du ridicule, Lamoricière faisait de la gloire au profit de la France. Il n'y a rien de commun entre eux et lui. On a dit encore qu'il était *bègue* : étrange reproche adressé à un des hommes de notre temps qui parlent avec le plus d'élégance et de facilité.

Mais on répand le bruit que porté à Saint-Calais et à Toulon, il optera pour Toulon en cas de double élection. Cette allégation n'est pas ridicule ; mais elle est fausse. Misérable stratagème imaginé en désespoir de cause, et qui s'évanouit devant une déclaration nette et catégorique du général. Le général Lamoricière n'est pas porté à Toulon ; s'il l'était, ce serait absolument à son insu et contre son gré. En tout cas, il déclare formellement qu'en cas de double élection, *il opterait pour Saint-Calais.* Sa déclaration est entre les mains du comité électoral de Saint-Calais, et l'honorable M. Pregent, qui en est dépositaire, la montrerait à qui voudrait la voir.

On conçoit que le général Lamoricière soit vivement touché de la bienveillance des électeurs de Saint-Calais, qui sont venus spontanément lui offrir un mandat qu'il sera fier d'accepter ; et des personnes qui se croient bien informées assurent que l'honorable général viendra immédiatement après l'élection pour les remercier, si même il ne se trouve à Saint-Calais pour le 11 octobre.

Le général Lamoricière sera impatient de venir sur les lieux prendre connaissance des intérêts dont il sera désormais le principal défenseur. Nous croyons pouvoir le prédire sans risque d'erreur : les petits moyens employés pour combattre la candidature du général Lamoricière seront impuissants ; ils ne serviront qu'à rendre plus éclatante une victoire désormais bien assurée.